AF211358

erityisHERKKÄ

Runoja

Sirpa Masalin

Kansikuva ja runot: © 2015 Sirpa Masalin
Julkaisija: BoD - Books on Demand, Helsinki, Suomi
Valmistaja: BoD - Books on Demand, Norderstedt, Saksa

ISBN 978-952-330-174-0

Uusi minäni

Olen aurinkoa,
valoa,
rakkautta,
lämpöä,
iloa,
hellyyttä

kiitollisuudesta pakahtuen!

Soturin rauha

Olen ratsastanut
elämäni aallokoilla
kuin voittoisa soturi.

Nyt lepään
rantahiekassa
pienten aaltojen liplatuksessa

rauha.

Loppukesä

Kultaiset puunlatvat
huojuvat
ilta-auringon säteissä
loppukesän onnea.

Pipalle

Elämä on kuin vuoristotie,
ylös ja alas hurjaa vauhtia,
tietämättä mitä seuraava mutka
tuo tullessaan.

Nauti vauhdin hurmasta,
anna elämäsi tuulten täyttää
purjeesi,
tuntemattomille vesille viedä.

Maista elämää,
tartu jokaiseen sen korteen
kuin tahtoaksesi ymmärtää
koko maailman.

Tee sydämestäsi,
ja kuuntele sen ääntä
intohimoisesti ja antautuen.

Elämäsi onni kantakoon
sinua hellässä syleilyssään,
minne ikinä kuljetkin.

Kemijärvi

Viime vuonna sulatin
kyyneleeni Kemijärveen.

Syleilin puitasi
ja sinä kosketit sydäntäni.

Kiitos kun ohjasit minut kotiin.

Rakastan Sinua niin
kotimaani!

Hiekkajoki

Olen kuin soliseva hiekkajoki.
Yhtä helposti
kuin hiekanjyvät
liukuvat sormieni välistä

unohdan,
luovutan,
annan mennä,
päästän irti,
hyväksyn,
annan anteeksi ja

täytän sydämeni
loputtomilla rakkauden siemenillä!

(Kiitos Erika!)

Kiire

Sekunnit,
minuutit, tunnit...
vilahtelevat äänen nopeudella
ohitseni.

Näen niissä hetkiä,
kasvoja,
tapahtumia;
ja kuulen yksittäisiä sanoja.

Minne menet aika?
Miksi kiiruhdat noin?
Odota minua,
että saisin tuntea olevani elossa.

Mitä onnellisempi olen,
sitä kovempaa kiiruhtaa.
Toisinaan,
puran pyörät sen.
Pakotan pysähtymään,
myöhästymään aikataulustaan
tuntemattomasta.

Hiljaa seisahtumaan.

Ihminen

Sinä olet minulle kuin suuri lahja.
En tahdo aukaista narujasi,
en repiä ihanaa käärittyä paperiasi.

Hitaasti tahdon nautiskella
sinua tuntemaan.
Löytää teitä sieluusi
ja kulkea tuntemattomia polkujasi.

Olet minulle pohjattoman riemun lahja
– ihminen.

Kirje itselleni

Olen syntynyt elämään,
antamaan kaikkeni
tälle arvokkaalle lahjalle:
minun elämälleni.

Suojellakseni sitä,
nauttiakseni siitä,
arvostaakseni sitä.

Minun kuuluu pitää
sitä hyvänä ja helliä,
omaa pientä osaani tässä
maailmankaikkeudessa,

rakastaa sellaisena kuin OLEN.

:-)

Omaa aikaa

Kun auringon viimeiset säteet
lipuvat antaakseen tilaa pimeydelle;
tunnen kuinka yön käsivarret
kurottelevat minua.

Rakastan tuota hiljaista
mustaa,
joka antaa minulle rauhaa,
vapauden.

Sen samettiset tummat
kädet silittelevät onnellista sieluani,
kun laskeutuu yö.

Menierille

Outojen merien kohina
pelästyttää.

Satojen viulujen ja pillien soitto
tanssii päässäni hullun lailla.

Taukoamatta.

Olen kyllästynyt meriin
ja väsynyt kuulemaan
tuota samaa soittoa.

Rakastamisen ehdottomat ehdot

Kaikkien ajatusten ei ole pakko
muotoutua samoiksi.

Sinä et ole hän.
Hän ei ole sinä.

Anna tilaa toiveille,
vangittuina ne alkavat vihata.

Tahtojen tiet voivat
kulkea onnellisina erillään.

Vihdoinkin

Niin kauan kaipasin omaa kotia.
Katselin ulkoa illan pimeydessä
lämpimien valoisien ikkunoiden taa...

Kuulin iloa ja naurua silmilläni,
ja kaipasin niin kovin.
Kauan.

Nyt olen löytänyt kotini,
rakkaudesta.
Rakkaan poikani läheisyydestä
ja koirien hellästä katseesta.

Juurettomat juureni

Täältä olen löytänyt
juurettomat juureni.
Maasta joka ei ole minun,
löytänyt paikan minne kuulun.

Kieli jota puhun
tuntuu vieraalta
vaikka onkin tuttu.

Tunteet jotka kaipaavat sanoja
etsivät niiden kieltä.

Juurettomat juureni
ovat työntyneet maahan
ikäänkuin
salavihkaa.
Maahan,
jonka en olisi koskaan uskonut
kannattavan minua.

(Ainakin nyt! 2008 :-)

Ikuiset tarinat

Elämä on kuin
ikuisten tarinoiden lähde,
jonka solina
ei tukahdu milloinkaan.

Öinen kiitos

Taas yksi päivä kumartaa lopuksi...
Kiitos
ilosta.
Kiitos
naurusta,
rakkaudesta ja
elämästä itsestään.

Nyt tule yö
ja laske rauhallinen kätesi ylleni.

Kutsumaton vieras

Yksinäisyys on julma matkakumppani;
kuin kutsumaton vieras,
jota et voi pyytää poistumaan.

Hiljaisuus

Rakastan kuunnella hiljaisuutta.
Sen tyhjien sanomien lipumista
ohitseni.
Nauttia sen kaikkeudesta.

Sen tyhjyydessä olla:
ilman ajatuksia.
Sen tyhjyydessä:
ei tarvitse tehdä mitään.

Vain lipua nautinnollisesti sen
kyydissä
– ei missään.

Kesän loppu

Seitsemäntenä päivänä,
kesä loppui.
Hyvästelin koivuni,
painoin sieluni syvimpiin sopukoihin
tuon sinivalkoisen maailman,
ja itkin.

Paluu kotimaastani

Olen nyt palannut
rakkaasta kotimaastani,
mutta ilman sydäntäni.

Se tanssii nytkin aaltojen
ja puiden lehtien
kanssa,
siellä,
kaukana minusta,
unelmieni maassa.

Eksyksissä

Olen kuin eksynyt
lapsi todellisuuden
maailmassa.

Harhailen saarelta saarelle
avuttomana ja murheellisena
airottomalla veneelläni.

Kyynelten aallokko

Katselen hitaasti
työpapereihin
sulautuvia kyyneleitäni.

Kummallista,
kuinka paperi lyö aaltoja
kastuessaan.

Minun maailmani

Tuolla jossakin on maailma,
ja minä olen omassa maailmassani
tässä...
eli en jää mistään paitsi koska olen
maailmassa
– omassani.

Sisäinen lapsi

Sydämeni lapsi juoksee janoisena
läpi tasankojen,
sokeasti,
suloisimpien vetten ohi.

Läkähtyneenä laskeutuu
kostean sammaleen viereen;
janoten.

Ymmärtämättömyyden miekka

Oletko koskaan tuntenut
rakastettusi ymmärtämättömyyden
painoa?

Taakkaa sielussasi,
halua rinnassasi jakaa se,
helpottaaksesi tuskaa...
kuullaksesi vain ärtymyksen
kylmän miekan
suhauksen läpi ilmojen,
kun laskeutuu käsittämätön
ymmärtämyksettömyyden
taakka,
lisäksi huoliesi ylle.

Silloin;
pidä sydämestäsi kiinni
ettei sekin vahingoittuisi,
särkyisi.

Sulje silmäsi
ja kätke luomiesi muureihin
kyyneleesi,

kun laskeutuu
ymmärtämättömyys huoliesi ylle.

Maaton

Kuinka tunnenkaan välillä
olevani kuin
kaksiosainen laiva,
keskeltä katkennut,
jatkaen matkaansa
toinen toisensa vierellä.

Kuuluen yhteen ja kuitenkin,
niin kaukana toisistaan.

Vieraassa maassa ilman kotia,
eikä kotona
omassa synnyinmaassaankaan.

Niinpä jatkan matkaani
katkenneessa veneessäni
yksinäisenä,
ilman yhteistä kieltä,
murtuneena,
väsyneenä
taisteluihin jotka niin turhia.

Minä ja maailma

Olen vankina kultaisessa
häkissäni.

Tuo tuolla ulkona jännittää,
inspiroi minua ja
kutsuu minua.

Mutta kun menen sinne,
niin se kuohuu ylitseni
– maailma.

Onni on tässä

Etsi onneasi tänään,
nyt ja tässä...

Sillä eilisen onnea
et voi saavuttaa huomenna.

Täydellinen hetki

Istuin pienen puron varrella,
kiven päällä.
Se kantoi minua hyvin ja
antoi minun olla,
kuin olen.

Silitin pientä valkoista kukkaa
kaikella rakkaudellani.

Kotimaani

Kun saavun luoksesi
olen valoa
ja iloa.

Kun lähden luotasi
muutun kyyneleeksi.

Näkymätön kuolema

Kuolema kulkee
ympärillämme.
Tunnen sen kylmän
hengähdyksen
kuin salavihkaa.

Jäinen käsi
ojentelee pimeydestä
ja viekottelee luokseen.

Mutta ketä?

Onnen hetki

Auringon laskun
lempeässä syleilyssä,
tuulen hyväilevien
kätten koskettamana,
hyräilee sieluni
äänettömästi onnea.

Alkava koti-ikävä

Melankolisuuden
harso kietoutuu
salavihkaa ympärilleni,
melkeinpä huomaamatta.

Olen lähdössä,
jättämässä
rakkaan maani.

Lappi

Kun kuulen laineidesi
liplatuksen,
tuultesi kuiskeen
ja huudon,
näen sinisen ja
häikäisevän valkeasi:

tiedän olevani kotona
yöttömässä yössäsi.

Paluu

Vieraan maan
kahleet eivät
enää paina
olen kotona.

Lappi II

Satakoon...
myrskytköön...
Lähetä vaikka lunta
ja jäätä toukokuuhusi:

minä rakastan sinua
– Lappi.

Äidinkielen rakkaus

Puolukat puhuvat kieltäni,
kävyt,
kivet ja sammalet puhuvat
kieltäni.

Lehdet jotka ruskeina
maassa makaavat,
puhuivat kieltäni ennen kuin
siihen putosivat,
viime syksynä.

Kaikki täällä puhuvat rakasta
kaipaamaani kieltä,
Suomea.

Kemijärvi II

Kun työnnän varpaani
rantojesi hiekkaan,
tuntuu kuin juurtuisin
jokaiseen hiekanjyvääsi.

Lapissa

Rakastan talviesi lumia,
kevääsi solinaa,
kesäsi valoa ja sineä.

Rakastan syksysi ruskaa ja
väriloistoa.

Olen palannut.

Tässä ja nyt

Olen puolitiessä,
pakenin kerran
ja olin kodittomana kotonani.

Kuuntelin suurten maailmoiden
puiden kohinaa,
eivätkä ne minua lohduttaneet.

Nyt istun tässä,
liekkien loimussa
ja kuuntelen
elämän kuiskauksia.

Katselen liekeissä kuvia
menneitä
onnellisena.

Onnen hinta

Ilman
menneisyyden taakkoja,
eletyn elämän tuskaa,
pettymyksiä
ja kivikkoja,
en olisi löytänyt
kultaista avainta
onneen.

Matka minuuteen

Haluaisin istua pilven reunalla.
Etsiskellen vastauksia
kysymyksiin,
joita en vielä edes tunne.

Matkalla sisimpääni.

Muutos

Puut,
ovat ne samat,
vain minä,
minä en ole enää se sama,
kuin silloin.

Elämän yksinkertaisuus

Ymmärrä.
Anna anteeksi.
Unohda.

Äitini lapsi

Kun katselin äitiäni,
tunsin saman lämpimän
tunteen rinnassani,
joka niin tuttu.

Aika oli mennyt ylitseen,
jättänyt sanomansa,
kertonut tarinaa,

elämän.

Ottanut hintansa
ja antanut lahjansa.

Luin silmistään vuodet,
käsistä työn.

Minä olen hänen ihostaan,
tippa vertansa.

Olen äitini lapsi.

Saunassa

Tunnen olevani
kauneimmillani saunainen
iho ympärilläni.

Vihtojen hellässä tuoksussa
aistieni kukkuloilla.

Luonnon sylissä,
kaukana ihmisistä.

Kotimaan ilo

Mustissa
kumisaappaissani tallustelen
pitkin ja poikin.
Kädet syvällä housujen
taskuissa.

Nautiskellen astahtelen
kumisilla pohjilla
sentti sentiltä rakasta
kotimaatani
– hymyillen.

Ruska

Ruska on kuin
leimahtava tuli.

Vaivihkaa hiipien
etsii yksittäisiä pieniä
lehtiä ja maalaa
ne kullaksi, keltaiseksi
ja punaiseksi.

Pysähtymättä
vaeltaa puusta puuhun,
metsästä metsään,
maasta maahan,
ja värjää luonnon
oman tahtonsa mukaan.

Muuntuvat kasvot

Ihmisillä on kasvoja:
ystävien kasvot,
kauppakasvot,
viranomaiskasvot,
lääkärikasvot,
mutta
vain yhdet „oikeat“,

kun he ovat yksin.

Vieras maa

Vaikka puhuisinkin
kieltäsi,
katsoisin syvälle
hienohkoihin yksityiskohtiisi,
käyttäisin tapojasi
oppimiani:

ei minusta tule koskaan
sinun lapsesi.

Ihon tuoksu

Kun aurinko paistaa iholla
tuoksuu
se aina samalle.

Vain rakkaus,
rakkaus on toinen.

Paikka
ja aika
täysin yhdentekevää.

Mutta
auringon polttaman
ihon tuoksu
– on aina sama.

Nimetön kaipuu

Kaipuu sisälläni
kohoaa toisinaan
sietämättömäksi.

Mutta minne?

Tämän maailman rikkaudet
jättävät minut kylmäksi.
Valtaa pitäkööt ketkä janoavat.

Rakkaus on täyttänyt minut
ja sammuttanut janoni.

Oi sieluni,
peittele itsesi
tyytyväiseen täytettyyn
elämään

ja vaikene!

Perro

Kun kuulen tassujesi rapinan,
silitän lämmintä turkkiasi,
kuuntelen tuhinaasi
ja painan nenäni otsallesi,

tunnen vilpittömimmän
rakkauden maailmassa,
ruskeissa silmissäsi
odottamatta mitään.

Talvi

Kun talvi laskee hiljalleen
valkoisen peittonsa metsien ylle
ja
jää kutoo ohutta verkkoaan

alkaa uusi maailma.

Toivon maailma

Sinun on lähdettävä,
jätettävä taaksesi,
ymmärtääksesi
menettämäsi.

Menierikon pelko

Kun rauha
ja hiljaisuus
pesivät minussa
liian kauan
tulen rauhattomaksi.

Alan epäillä.
Pelätä.

Odottaa,
milloin maailmani
taas murskaantuu
miljooniksi nanosiruiksi
kärsimyksen.

Menierikon maa

Kuinka rakastankaan
maata.
Tuota ihanaa ruskeaa,
kivistä,
hiekkaista.

Sen tuoksu antaa voimaa
ja muistuttaa luonnon
mahdista,
vuosisatojen,
tuhansien taistoista
säilyä elossa
yli hirvittävien katastrofien.

Kuinka vihaankaan
tuota maata,
joka ei minua pitele.
Ei kannata.

Peitto sairaudelle

Kun kärsimys alkaa,
olen oppinut ottamaan
sen peitokseni.
Vedän sen ylitseni
hellästi.
Annan sen raivota
ja huutaa.

Sieluni,
rakkauteni ja
ajatukseni säästän nyrkissäni,
kehoni vieressä
joka ei ole minun.

Siemen onneen

Kiitollisuus
on kuin siemen.

Sen kylväessään ei ehkä
aavistakaan
kuinka loistava,
valoisa kruunu
siitä syntyykään

täynnä onnea.

Sielujen muistolle

Elämän tuulet
kuiskailevat omaan tahtiinsa:
lempeästi huokaillen,
piiskaavasti myrskyten...

kunnes jonakin päivänä
pieninkin tuulahdus vaimenee,
ja tuulesi saavat ikuisen rauhan.

Jäljet

Elämäni ohikulkijat,
hipaisijat,
läimäyttäjät,
silittelijät ja
hyväilijät

ovat kaikki kirjoittaneet
elämän kirjaani

– jättäen oman viestinsä.

Positiivisia soluja

Kun olet täynnä
rakkautta ja valoa,
iloa ja hyvyyttä,
kirjoittaa kehosi
pienen pieniä
vaaleanpunaisia
eheyden sanomia.

Valinta on sinun

Olet oman elämän
teoksesi kirjailija.

Sinä voit valita
alun ja lopun.

Hyvän tai pahan
joka hetki.

Lumihiutaleet

Lumihiutaleet tanssivat
kuin himmeät taivaan timantit.

Kuinka ihanasti ne
tanssivatkaan hennosti pyörien.

Tanssivat tiensä ilmojen halki.

Hempeästi laskeutuvat toisiinsa,
sulavat ihollasi.

Lumihiutaleet.

Hiekkaa jouluksi

Aika tuntuu ylläni
kuin huntu hiekasta ja sumusta.

Kurotan käteni
tarttuakseni muutamaan
hiekanjyvään...
ja ne putoavat sormieni lävitse.
Liian nopeasti.

Teen käsistäni kulhon,
vangitakseni ajan paremmin.

Neulon kankaasta valtavan purjeen
liikkuakseni nopeammin.

Kiireehtien
kurotan käteni kohti valuvaa hiekkaa
ja toivon jouluksi

enemmän hiekkaa !

Kun rakastaa

Sylissäsi
tunnen aamun hiljaisuuden.
Hetki onnellisten.

Täysi hiljaisuus.

Lämmin hengityksesi
yhteen sulautuneessa ihossamme.

Kerran olimme sinä ja minä.
Mikään ei tule palaamaan ennalleen,
ilman sinua.

Aika on pysähtynyt.

Maailma taitaa pyöriä edelleenkin.
Tunnen läheisyytesi.
Kaiken tarkoitus on siirtynyt muualle.
Sulkeutuneisiin dimensioihin.

Syleilen sinua eikä mikään liiku,
rakkautemme hiljaisuudessa.

Runoilijan sydän

Kirjoittaessani
piirrän sydämeni säveliä,
maalaan ajatusteni ja tunteideni
kuvat kirjaimiksi.

Annan
palan sielustani.

Elämäni kirjo

Katsellessani
menneisyyttäni
tuntuu kuin
katselisin
komediaa,
jännityselokuvaa,
kauhuelokuvaa,
love storya ja
piirrettyjä

samanaikaisesti.

Kaikella on tarkoituksensa

En antaisi pois
päivääkään,
jos tietäisin etten
olisi se minä,
joka olen tänään.

Erityisherkkyys

Herkkyys
on lahja elämän.

Kirous
määrätöntä tuskaa.

Uskomattomia
tunteita.

Onnea.
Epätoivoa.
Voimattomuutta
ja ajatusten sumua.

Vuoristorataa ylös
ja alas.

Pimeyden helliä
syleilyjä hiljaisuuden
ja rauhan

– omassa itsessäni.

Tähtöset

Kuuntelin solisevia sanoja,
niin lämpimän pehmeitä.

Peittelin sieluni rakkaudella
ja valolla.

En ollut yksin,
olin yksi teistä
– tähtösistä.

KIITOS

Kiitos,
rakkaalle miehelleni Ulille teknisestä tuesta ja
kärsivällisyydestä kanssani.

Kiitos,
ihanalle Leena ystävälle kunnioittavasta äidinkielellisestä
tuesta ja kritiikistä.

Kiitos,
Erika, Jaana ja Päivi...sysäyksistä toteuttaa tämä kirja
juuri näin.

Kiitos,
menierin taudille, jota ilman en olisi alkanut toteuttaa
unelmiani.

Kiitos,
erityisherkkyydelleni, joka tekee elämästäni
„vuoristoradan" :-)

YHTEYSTIEDOT

Sirpa Masalin
Kemijärvi, Lappi, Suomi

masalin.sirpa@gmail.com

facebook / Sirpa Masalin

Nettisivu suosituksiani
www.erityisherkat.fi
www.suomenmeniereliitto.fi

Kirja suosituksiani
Elaine N. Aron, Highly Sensitive Person
Janna Satri, Sisäinen lepatus, Herkän ihmisen tietokirja